escola - школа   2
viagem - путешествие   5
transporte - транспорт   8
cidade - город   10
paisagem - ландшафт   14
restaurante - ресторан   17
supermercado - супермаркет   20
bebidas - напитки   22
comida - еда   23
fazenda - ферма   27
casa - дом   31
sala de estar - гостиная   33
cozinha - кухня   35
banheiro - ванная комната   38
quarto de criança - детская комната   42
vestuário - одежда   44
escritório - офис   49
economia - экономика   51
profissões - профессии   53
ferramentas - инструменты   56
instrumentos musicais - музыкальные инструменты   57
zoológico - зоопарк   59
esportes - спорт   62
atividades - действия   63
família - семья   67
corpo - тело   68
hospital - больница   72
emergência - неотложный случай   76
Terra - земля   77
relógio - часы   79
semana - неделя   80
ano - год   81
formas - формы   83
cores - цвета   84
opostos - противоположности   85
números - цифры   88
idiomas - языки   90
quem / o quê / como - кто / что / как   91
onde - где   92

Impressum
Verlag: BABADADA GmbH, Nedderfeld 112 , 22529 Hamburg
Geschäftsführer / Verlagsleitung: Harald Hof
Druck: Books on Demand GmbH, In de Tarpen 42, 22848 Norderstedt

Imprint
Publisher: BABADADA GmbH, Nedderfeld 112 , 22529 Hamburg, Germany
Managing Director / Publishing direction: Harald Hof
Print: Books on Demand GmbH, In de Tarpen 42, 22848 Norderstedt, Germany

escola

школа

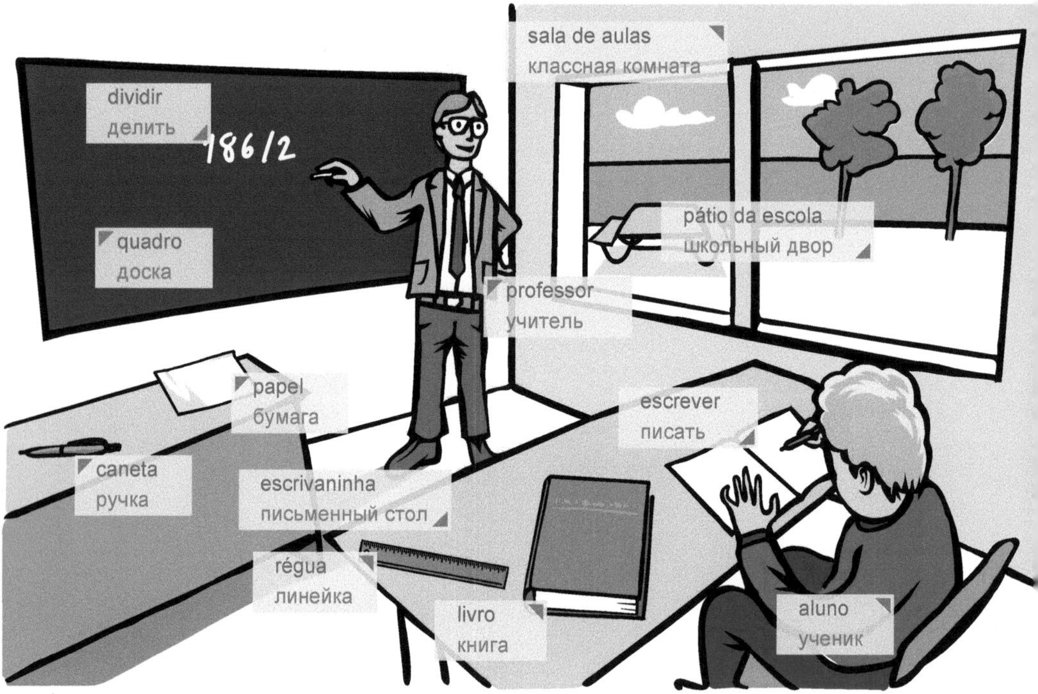

sala de aulas
классная комната
dividir
делить
186/2
quadro
доска
pátio da escola
школьный двор
professor
учитель
papel
бумага
escrever
писать
caneta
ручка
escrivaninha
письменный стол
régua
линейка
livro
книга
aluno
ученик

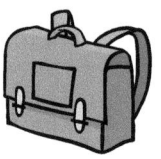

sacola

ранец

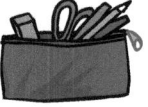

estojo de lápis

пенал

lápis

карандаш

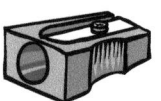

apontador de lápis

точилка

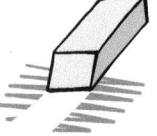

borracha

ластик

bloco de desenho

альбом для рисования

desenho

рисунок

pincel

кисточка

estojo de tintas

коробка красок

tesoura

ножницы

cola

клей

livro de exercícios

тетрадь

lição de casa

домашняя работа

número

цифра

2+2

somar

прибавлять

5-2

subtrair

вычитать

2×2

multiplicar

умножать

calcular

считать

A

letra

буква

ABCDEFG
HIJKLMN
OPQRSTU
VWXYZ

alfabeto

алфавит

palavra

слово

texto
текст

ler
читать

giz
мел

hora
урок

registro da classe
классный журнал

exame
экзамен

certificado
диплом

uniforme escolar
школьная форма

educação
образование

enciclopédia
энциклопедия

universidade
университет

microscópio
микроскоп

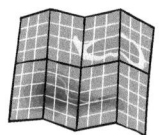

mapa
карта

cesto de lixo
корзина для бумаг

hotel
гостиница

Grand

albergue
турбаза

ROOMS

EXCHANGE

casa de câmbio
пункт обмена валюты

mala
чемодан

carro
автомобиль

idioma
....
язык

sim / não
....
да / нет

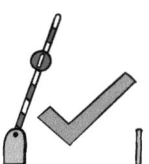

ok
....
хорошо

Olá
....
Привет

tradutor
....
переводчик

obrigado
....
Спасибо

quanto custa...?

Сколько стоит...?

eu não entendo

Я не понимаю

problema

проблема

boa noite!

Добрый вечер!

Bom dia!

Доброе утро!

Boa noite!

Доброй ночи!

até logo

До свидания

direção

направление

bagagem

багаж

bolsa

сумка

mochila

рюкзак

convidado

гость

quarto

комната

saco de dormir

спальный мешок

barraca

палатка

informação turística

туристическая информация

praia

пляж

cartão de crédito

кредитная карточка

café da manhã

завтрак

almoço

обед

jantar

ужин

bilhete

билет

elevador

лифт

selo

почтовая марка

fronteira

граница

alfândega

таможня

embaixada

посольство

visto

виза

passaporte

паспорт

transporte

транспорт

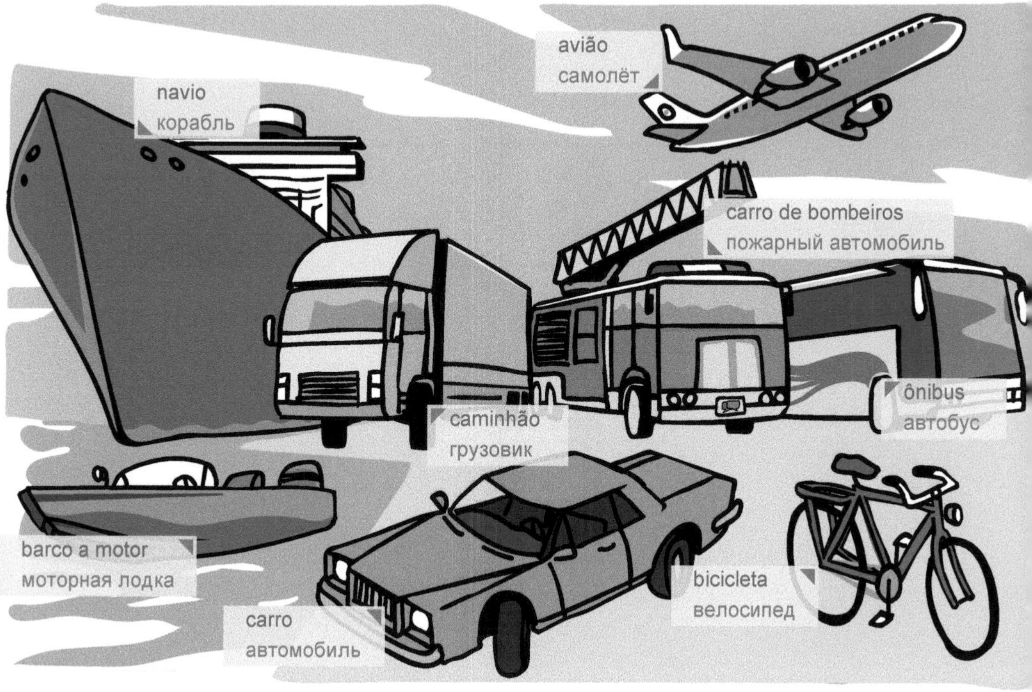

avião
самолёт
navio
корабль
carro de bombeiros
пожарный автомобиль
ônibus
автобус
caminhão
грузовик
barco a motor
моторная лодка
bicicleta
велосипед
carro
автомобиль

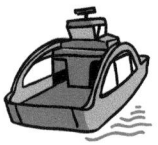

balsa

паром

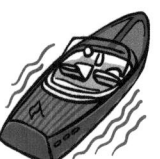

barco

лодка

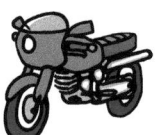

motocicleta

мотоцикл

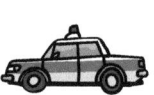

veículo policial

полицейский автомобиль

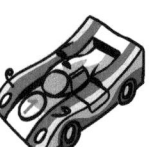

carro de corrida

гоночный автомобиль

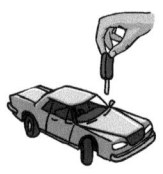

carro de aluguel

арендованный автомобиль

compartilhamento de automóvel

совместное пользование автомобилями

caminhão de reboque

буксировочный автомобиль

caminhão de lixo

мусоровоз

motor

двигатель

combustível

топливо

posto de gasolina

заправка

placa de trânsito

дорожный знак

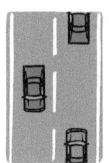

trânsito

движение

trânsito lento

пробка

estacionamento

автостоянка

estação de trem

вокзал

trilhos

рельсы

trem

поезд

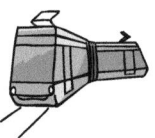

bonde

трамвай

vagão

вагон

helicóptero

вертолёт

aeroporto

аэропорт

torre

вышка

passageiro

пассажир

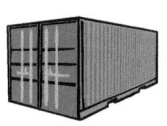

contêiner

контейнер

cartolina

коробка

carroça

тележка

cesto

корзина

decolar / pousar

взлетать / приземляться

cidade

город

vilarejo

деревня

centro da cidade

центр города

casa

дом

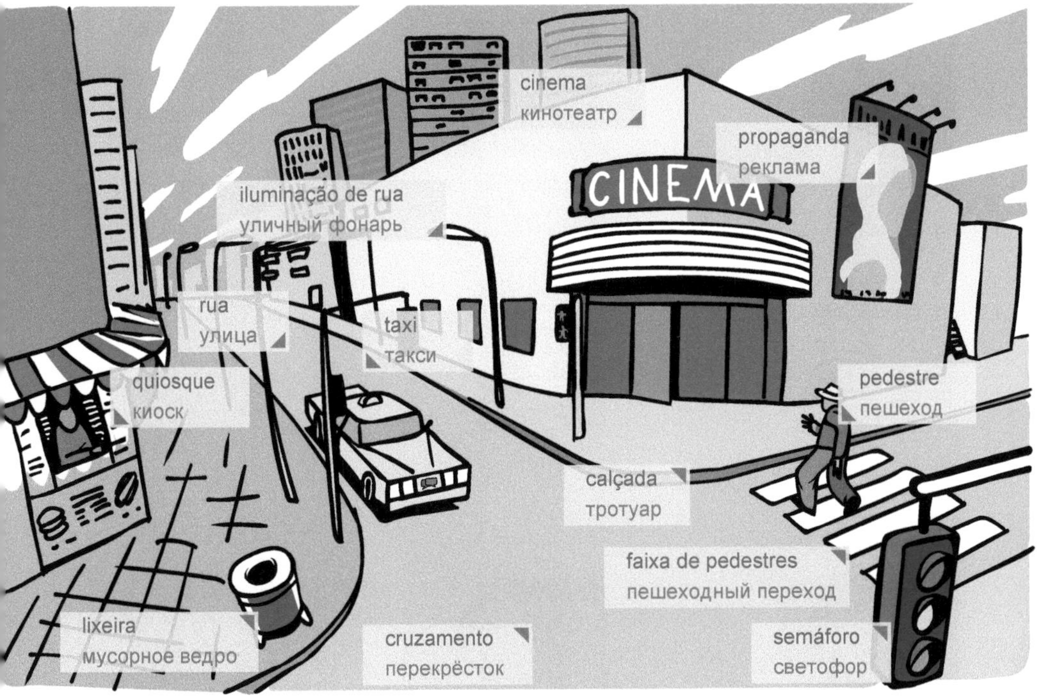

cinema
кинотеатр

propaganda
реклама

iluminação de rua
уличный фонарь

CINEMA

rua
улица

taxi
такси

quiosque
киоск

pedestre
пешеход

calçada
тротуар

faixa de pedestres
пешеходный переход

lixeira
мусорное ведро

cruzamento
перекрёсток

semáforo
светофор

cabana

хижина

apartamento

квартира

estação de trem

вокзал

prefeitura

ратуша

museu

музей

escola

школа

cidade - город

universidade

университет

banco

банк

hospital

больница

hotel

гостиница

farmácia

аптека

escritório

офис

livraria

книжный магазин

loja

магазин

floricultura

цветочный магазин

supermercado

супермаркет

mercado

рынок

loja de departamentos

универмаг

peixaria

торговец рыбой

centro comercial

торговый центр

porto

порт

parque

парк

banco

скамейка

ponte

мост

escadas

лестница

metrô

метро

túnel

тоннель

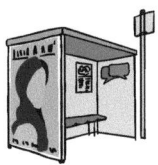

ponto de ônibus

автобусная остановка

bar

бар

restaurante

ресторан

caixa de correspondência

почтовый ящик

placa de rua

табличка с названием улицы

parquímetro

паркометр

zoológico

зоопарк

piscina

бассейн

mesquita

мечеть

fazenda

ферма

poluição

загрязнение окружающей среды

cemitério

кладбище

igreja

церковь

parquinho

детская площадка

templo

храм

paisagem
ландшафт

folha
лист

placa de sinalização
дорожный указатель

caminho
дорога

gramado
луг

pedra
камень

árvore
дерево

caminhantes
путешественник

rio
река

grama
трава

flor
цветок

vale
долина

montanha
гора

lago
озеро

floresta
лес

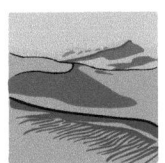

deserto
пустыня

vulcão
вулкан

castelo
замок

arco-íris
радуга

cogumelo
гриб

palmeira
пальма

mosquito
комар

mosca
муха

formiga
муравей

abelha
пчела

aranha
паук

besouro

жук

sapo

лягушка

esquilo

белка

ouriço

еж

lebre

заяц

coruja

сова

pássaro

птица

cisne

лебедь

javali

кабан

veado

олень

alce

лось

barragem

плотина

aerogerador

ветряной генератор

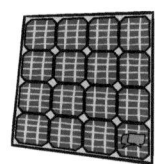

painel solar

солнечная батарея

clima

климат

restaurante

ресторан

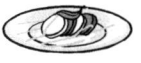

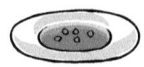

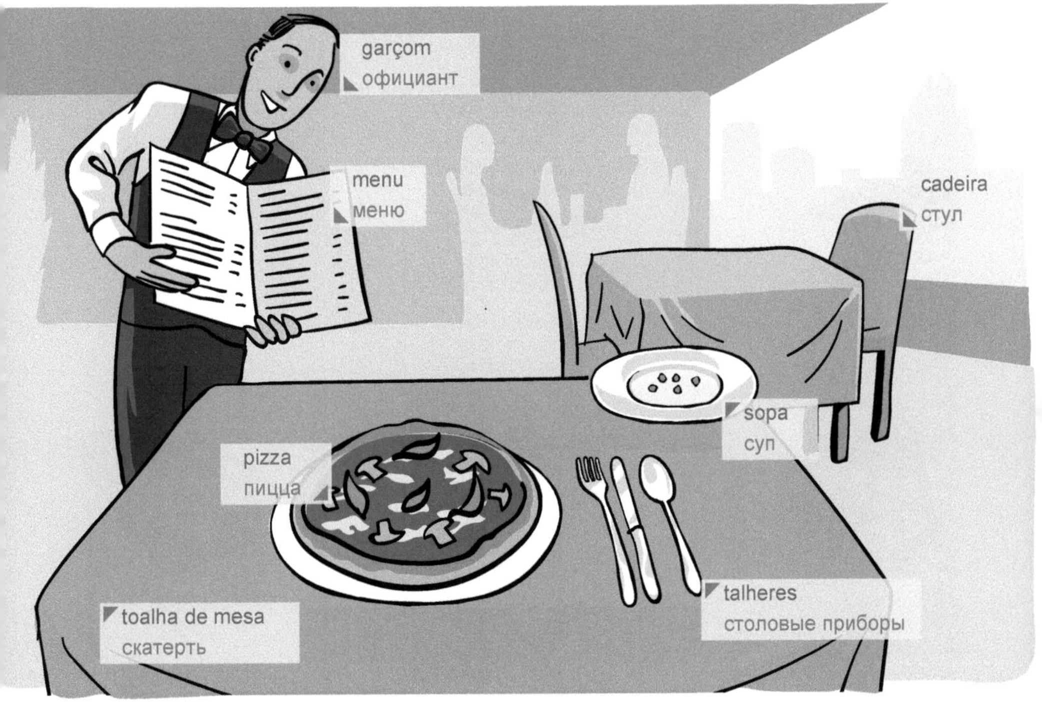
garçom
официант
menu
меню
cadeira
стул
sopa
суп
pizza
пицца
talheres
столовые приборы
toalha de mesa
скатерть

entrada

закуска

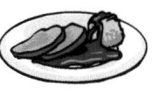

prato principal

главное блюдо

sobremesa

десерт

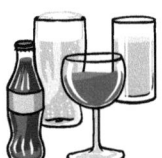

bebidas

напитки

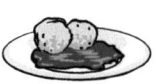

comida

еда

garrafa

бутылка

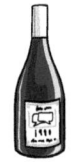

fastfood

фастфуд

comida de rua

уличная еда

bule de chá

чайник

açucareiro

сахарница

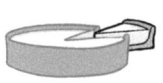

porção

порция

máquina de expresso

кофеварка

cadeirão

детский стульчик

conta

счет

bandeja

поднос

faca

нож

garfo

вилка

colher

ложка

colher de chá

чайная ложка

guardanapo

салфетка

copo

стакан

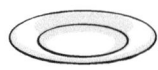

prato

тарелка

prato de sopa

суповая тарелка

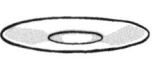

pires

блюдце

molho

соус

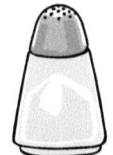

saleiro

солонка

moedor de pimenta

мельница для перца

vinagre

уксус

óleo

масло

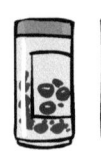

especiarias

специи

ketchup

кетчуп

mostarda

горчица

maionese

майонез

supermercado

супермаркет

oferta especial
специальное предложение
FOR
cliente
покупатель
laticínios
молочные продукты
frutas
фрукты
carrinho de compras
тележка для покупок

BUTCHERS

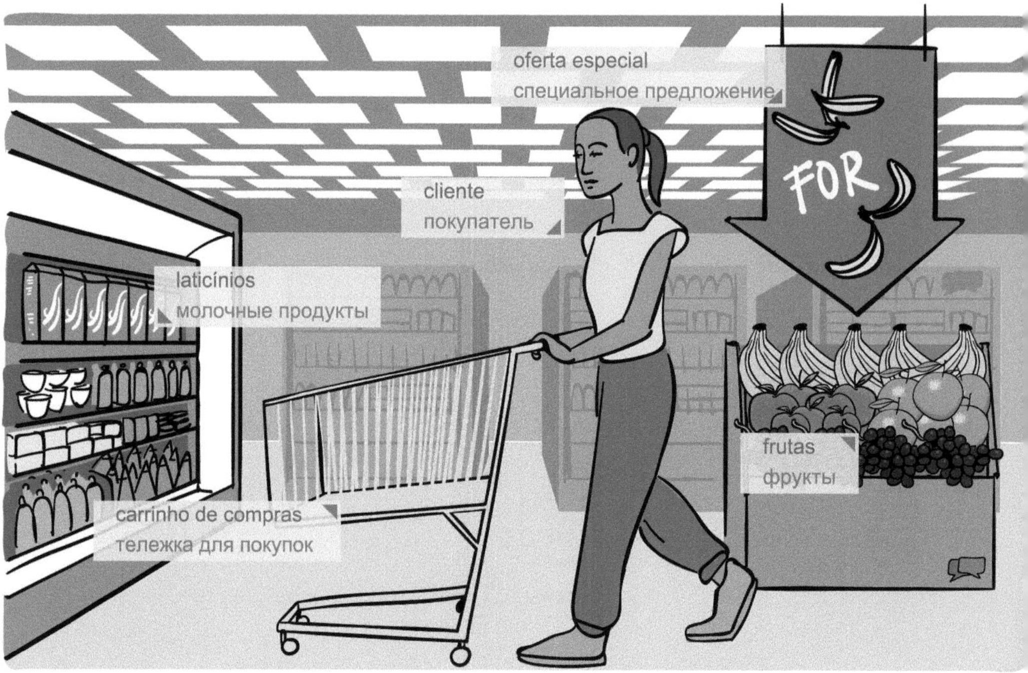

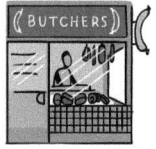

açougue

мясной магазин

BAKERY

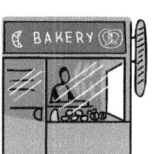

padaria

пекарня

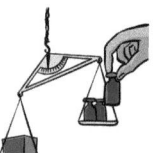

pesar

взвешивать

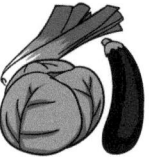

legumes

овощи

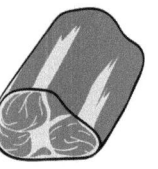

carne

мясо

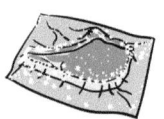

congelados

быстрозамороженные продукты

charcutaria

нарезка

conservas

консервы

detergente em pó

стиральный порошок

doces

сладости

artigos domésticos

предмет домашнего обихода

produtos de limpeza

моющее средство

vendedora

продавщица

caixa

касса

caixa

кассир

lista de compras

список покупок

horário de funcionamento

время работы

carteira

бумажник

cartão de crédito

кредитная карточка

sacola

сумка

saco plástico

полиэтиленовый пакет

água

вода

suco

сок

leite

молоко

coca-cola

кока-кола

vinho

вино

cerveja

пиво

álcool

алкоголь

cacau

какао

chá

чай

café

кофе

expresso

эспрессо

cappuccino

капучино

banana

банан

maçã

яблоко

laranja

апельсин

melão

арбуз

limão

лимон

cenoura

морковь

alho

чеснок

bambu

бамбук

cebola

лук

cogumelo

гриб

nozes

орехи

macarrão

лапша

espaguete

спагетти

arroz

рис

salada

салат

batatas fritas

картофель фри

batatas frias

жареный картофель

pizza

пицца

hambúrger

гамбургер

sanduíche

сэндвич

escalope

шницель

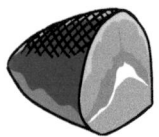

presunto

ветчина

salame

салями

salsicha

колбаса

galinha

курица

assado

жаркое

peixe

рыба

flocos de aveia

овсяные хлопья

granola

мюсли

flocos de milho

кукурузные хлопья

farinha

мука

croissant

круассан

pãozinho

булочка

pão

хлеб

torrada

тост

biscoitos

печенье

manteiga

масло

requeijão

творог

bolo

пирог

ovo

яйцо

ovo frito

яичница

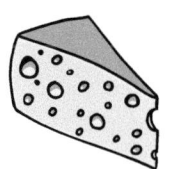

queijo

сыр

sorvete
мороженое

açúcar
сахар

mel
мёд

geleia
мармелад

creme de avelãs
крем с нугой

curry
карри

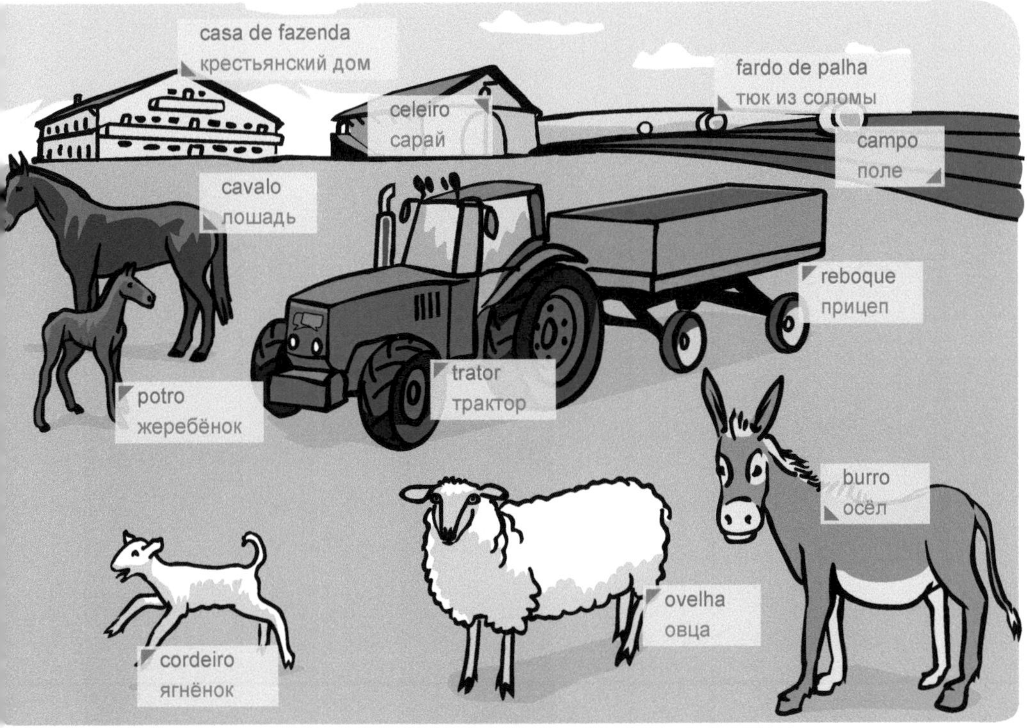

casa de fazenda
крестьянский дом

fardo de palha
тюк из соломы

celeiro
сарай

campo
поле

cavalo
лошадь

reboque
прицеп

trator
трактор

potro
жеребёнок

burro
осёл

cordeiro
ягнёнок

ovelha
овца

cabra

коза

vaca

корова

bezerro

телёнок

porco

свинья

leitão

поросёнок

touro

бык

ganso

гусь

pato

утка

pintinho

цыплёнок

galinha

курица

galo

петух

ratazana

крыса

gato

кошка

camundongo

мышь

boi

вол

cachorro

собака

casinha do cachorro

конура

mangueira de jardim

садовый шланг

regador

лейка

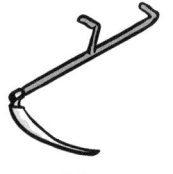

foice

коса

arado

плуг

foice

серп

enxada

мотыга

forquilha

навозные вилы

machado

топор

carrinho de mão

тачка

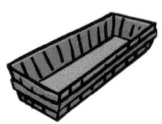

manjedoura

корыто

jarra de leite

бидон для молока

saco

мешок

cerca

забор

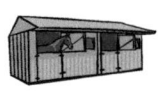

estábulo

хлев

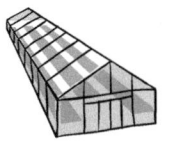

estufa

теплица

solo

почва

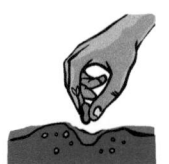

semente

посев

fertilizante

удобрение

colheitadeira

комбайн

colher

собирать урожай

colheita

урожай

inhame

ямс

trigo

пшеница

soja

соя

batata

картофель

milho

кукуруза

colza

рапс

árvore frutífera

фруктовое дерево

mandioca

маниок

cereais

злаки

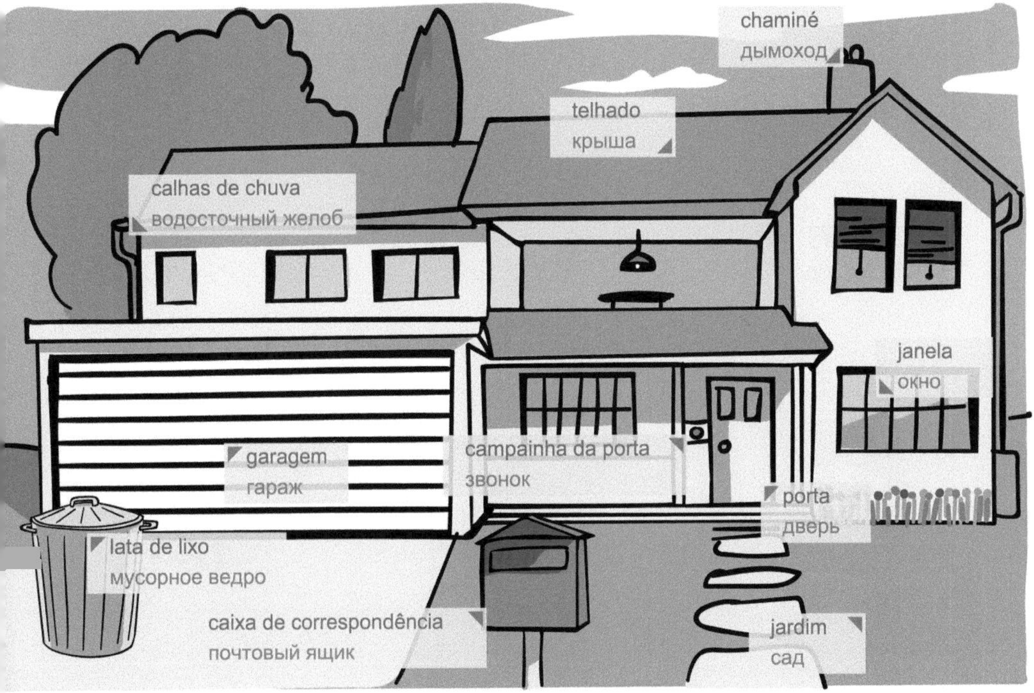

chaminé
дымоход

telhado
крыша

calhas de chuva
водосточный желоб

janela
окно

garagem
гараж

campainha da porta
звонок

porta
дверь

lata de lixo
мусорное ведро

caixa de correspondência
почтовый ящик

jardim
сад

sala de estar

гостиная

banheiro

ванная комната

cozinha

кухня

quarto de dormir

спальня

quarto de criança

детская комната

sala de jantar

столовая

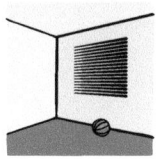

chão

пол

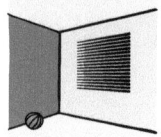

parede

стена

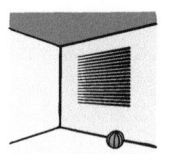

teto

потолок

porão

подвал

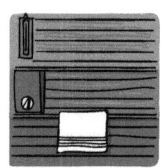

sauna

сауна

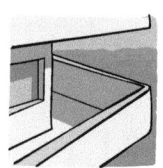

varanda

балкон

terraço

терраса

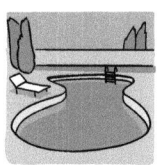

piscina

бассейн

cortador de grama

газонокосилка

lençol

пододеяльник

coberta

покрывало

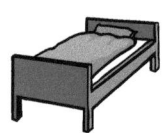

cama

кровать

vassoura

метла

balde

ведро

interruptor

выключатель

sala de estar
гостиная

papel de parede
обои
quadro
рисунок
lâmpada
лампа
prateleira
полка
armário
шкаф
televisão
телевизор
lareira
камин
flor
цветок
travesseiro
подушка
sofá
диван
vaso
ваза
controle remoto
пульт дистанционного управления

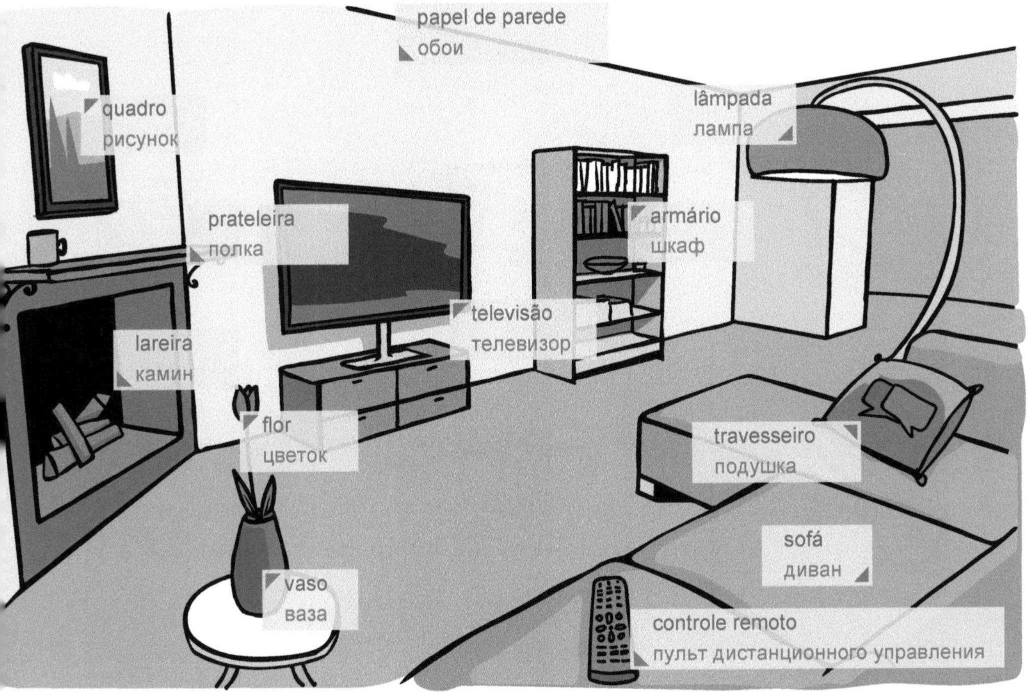

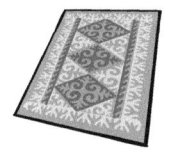

tapete

ковёр

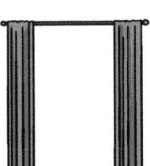

cortina

штора

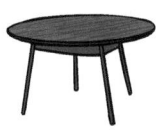

mesa

стол

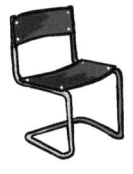

cadeira

стул

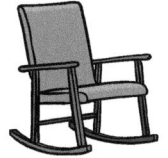

cadeira de balanço

кресло-качалка

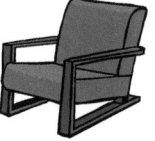

poltrona

кресло

livro

книга

cobertor

покрывало

decoração

украшение

lenha

дрова

filme

фильм

equipamento de som

стереосистема

chave

ключ

jornal

газета

pintura

картина

pôster

плакат

rádio

радио

bloco de notas

блокнот

aspirador

пылесос

cacto

кактус

vela

свеча

cozinha

кухня

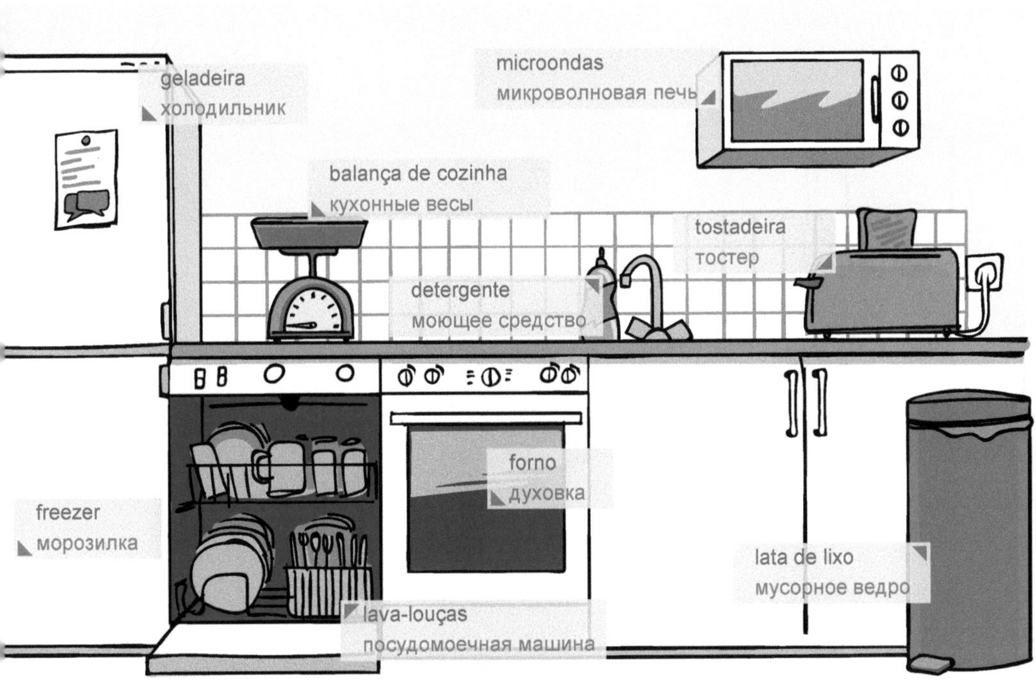
geladeira
холодильник
microondas
микроволновая печь
balança de cozinha
кухонные весы
tostadeira
тостер
detergente
моющее средство
forno
духовка
freezer
морозилка
lata de lixo
мусорное ведро
lava-louças
посудомоечная машина

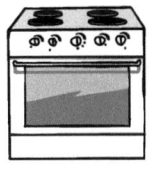

fogão

плита

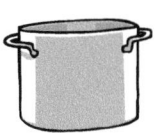

panela

кастрюля

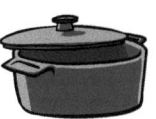

panela de ferro

чугунный котелок

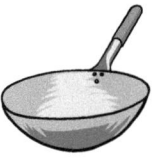

wok / kadai

вок / кадай

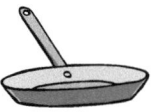

frigideira

сковорода

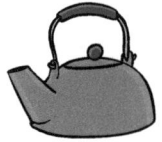

chaleira

чайник

panela a vapor

пароварка

tabuleiro de forno

противень

louça

посуда

caneca

кружка

caçarola

миска

hashi

палочки для еды

concha de sopa

половник

espátula

лопатка

batedor

сбивалка

escorredor

сито

peneira

сито

ralador

тёрка

almofariz

ступка

churrasqueira

гриль

lareira

костёр

tábua de cortar

доска

rolo da massa

скалка

saca-rolhas

штопор

lata

жестяная банка

abridor de latas

консервный нож

pegador de panela

прихватка

pia

раковина

escova

щетка

esponja

губка

liquidificador

миксер

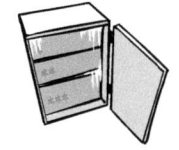

congelador

морозильная камера

mamadeira

бутылочка для кормления

torneira

кран

banheiro

ванная комната

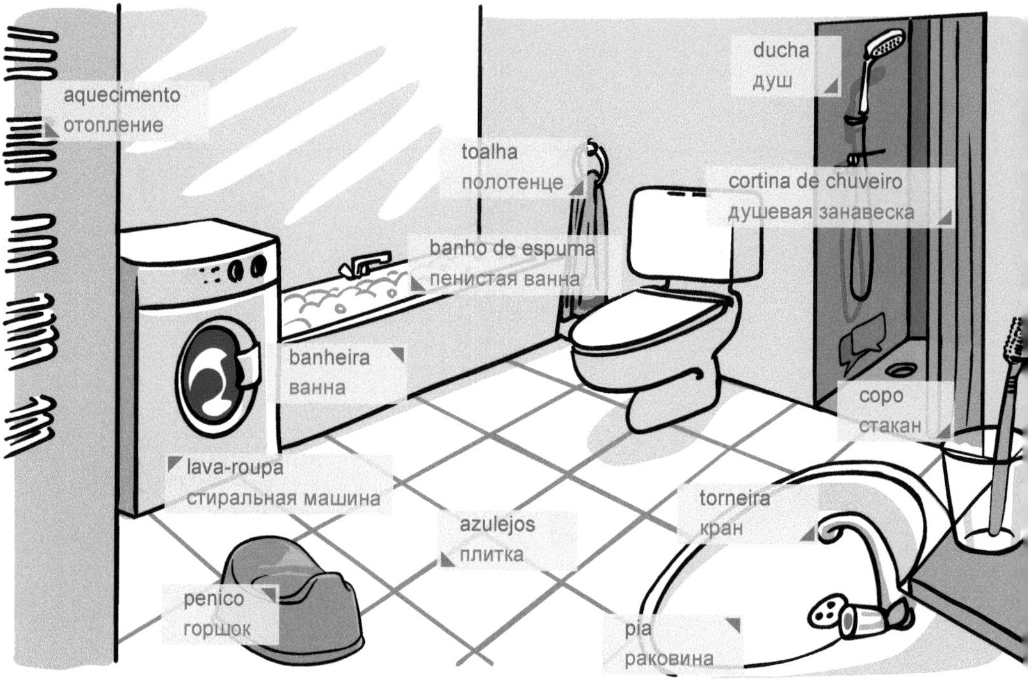

ducha
душ
aquecimento
отопление
toalha
полотенце
cortina de chuveiro
душевая занавеска
banho de espuma
пенистая ванна
banheira
ванна
copo
стакан
lava-roupa
стиральная машина
torneira
кран
azulejos
плитка
penico
горшок
pia
раковина

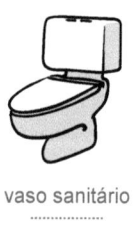

vaso sanitário

туалет

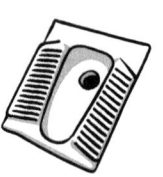

lavabo de agachar

напольный унитаз

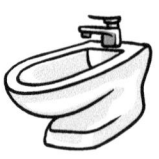

bidê

биде

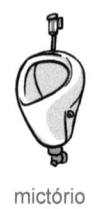

mictório

писсуар

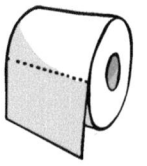

papel higiênico

туалетная бумага

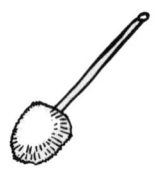

escova de privada

ершик

escova de dentes

зубная щетка

pasta de dentes

зубная паста

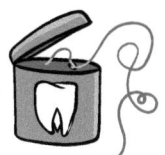

fio dental

зубная нить

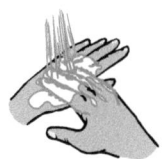

lavar

мыть

ducha de mão

ручной душ

ducha íntima

интимный душ

bacia

таз

escova para as costas

щетка для спины

sabonete

мыло

gel de banho

гель для душа

xampu

шампунь

toalha de rosto

мочалка

escoamento

сток

creme

крем

desodorante

дезодорант

espelho

зеркало

espelho de mão

ручное зеркало

barbeador

бритва

espuma de barbear

пена для бритья

loção pós-barba

лосьон после бритья

pente

расческа

escova

щетка

secador de cabelo

фен

spray de cabelo

лак для волос

maquiagem

косметика

batom

губная помада

esmalte de unhas

лак для ногтей

algodão

вата

tesoura para unhas

маникюрные ножницы

perfume

духи

nécessaire

косметичка

banquinho

табуретка

balança

весы

roupão de banho

халат

luvas de borracha

резиновые перчатки

absorvente interno

тампон

absorvente íntimo

гигиеническая прокладка

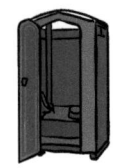

banheiro químico

биотуалет

quarto de criança
детская комната

despertador
будильник
boneco de pelúcia
мягкая игрушка
carrinho de brinquedo
игрушечный автомобиль
chacoalho
погремушка
casa de bonecas
кукольный домик
presente
подарок

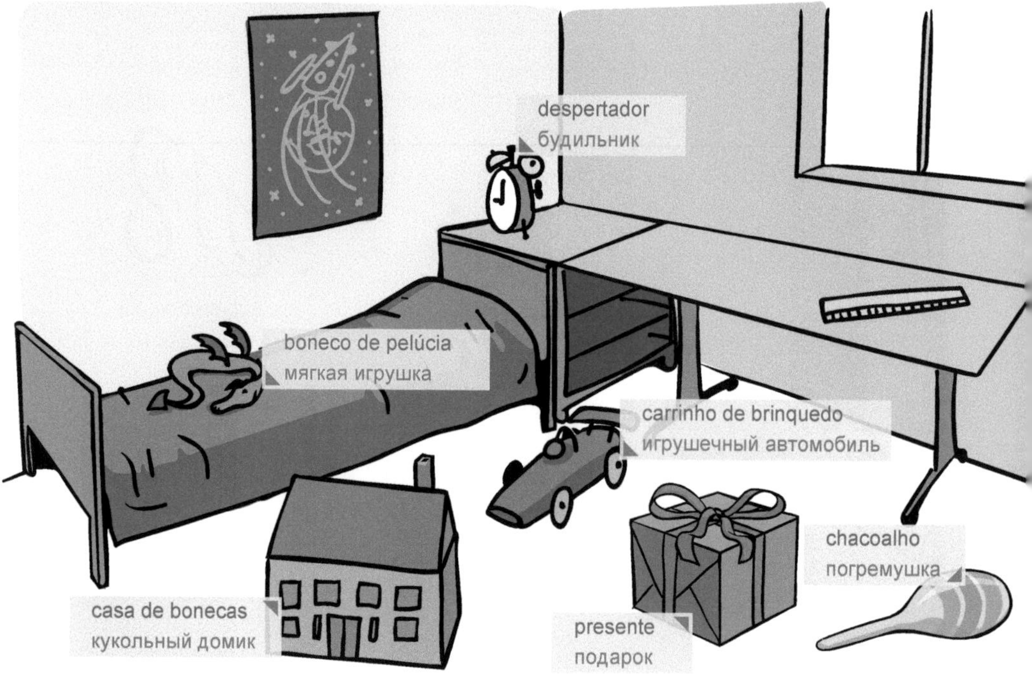

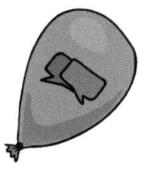

balão
воздушный шар

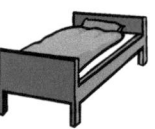

cama
кровать

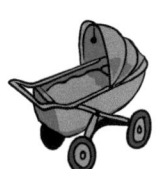

carrinho de bebê
детская коляска

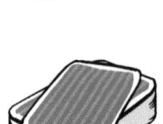

jogo de cartas
карточная игра

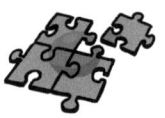

quebra-cabeças
пазл

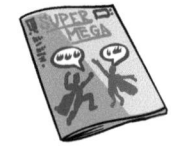

revista de quadrinhos
комикс

peças de Lego

кирпичики Лего

blocos de construção

кубики

figura de ação

игрушечная фигурка

macaquinho de bebê

ползунки

frisbee

фрисби

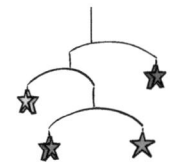

móbile para bebé

мобиле

jogo de tabuleiro

настольная игра

dados

кубик

trenzinho elétrico

модель железной дороги

chupeta

соска

festa

вечеринка

livro ilustrado

книга с картинками

bola

мяч

boneca

кукла

brincar

играть

caixa de areia

песочница

balanço

качели

brinquedos

игрушка

videogame

игровая приставка

triciclo

трёхколесный велосипед

ursinho de pelúcia

плюшевый медвежонок

guarda-roupa

шкаф для одежды

vestuário

одежда

meias

носки

meias pelo joelho

чулки

meias-calças

колготки

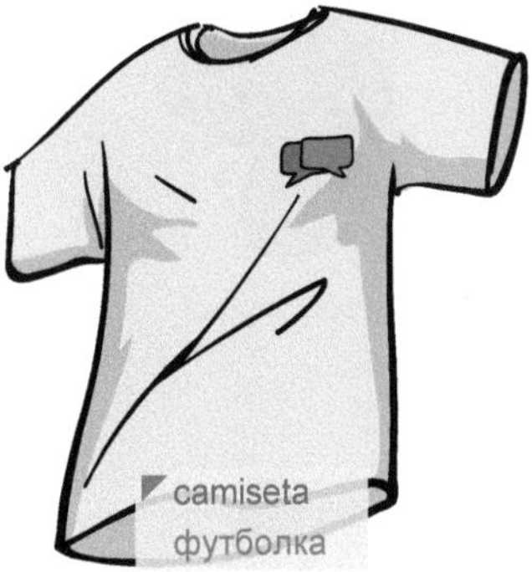

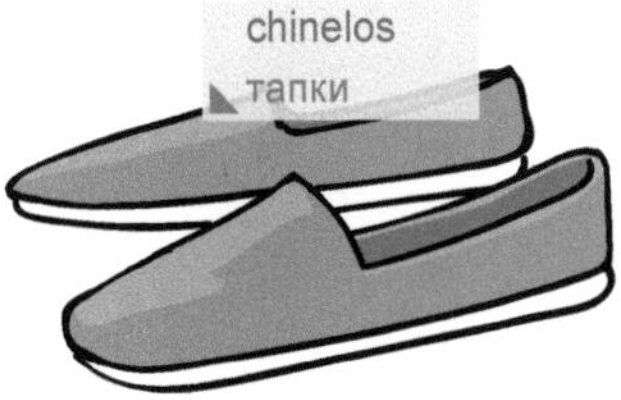

cachecol
шарф

cinto
ремень

guarda-chuva
зонтик

camiseta
футболка

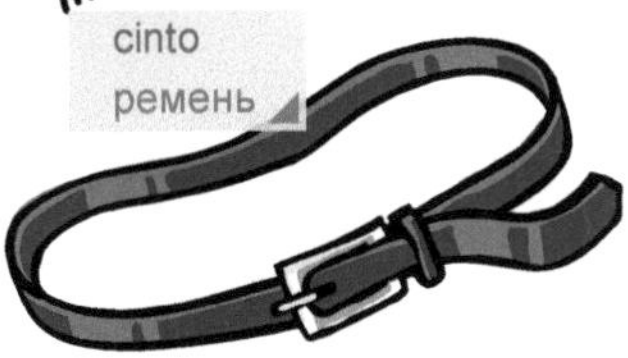

botas
сапоги

chinelos
тапки

tênis
кроссовки

sandálias
....
сандалии

sapatos
....
ботинки

botas de borracha
....
резиновые сапоги

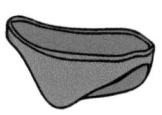

roupa de baixo
....
трусы

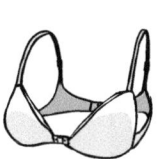

sutiã
....
бюстгальтер

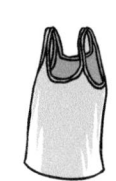

camiseta de baixo
....
майка

body

боди

calças

брюки

jeans

джинсы

saia

юбка

blusa

блузка

camisa

рубашка

pulôver

свитер

suéter com capuz

свитер

blazer

спортивная куртка

jaqueta

жакет

casaco

пальто

gabardine

плащ

traje

костюм

vestido

платье

vestido de casamento

свадебное платье

terno

мужской костюм

camisola

ночная сорочка

pijama

пижама

sari

сари

lenço de cabeça

платок

turbante

тюрбан

burca

паранджа

cafetă

кафтан

abaya

абайя

maiô

купальник

sunga

плавки

shorts

шорты

roupa de treino

спортивный костюм

avental

фартук

luvas

перчатки

botão

пуговица

óculos

очки

pulseira

браслет

colar

цепочка

anel

кольцо

brinco

серьга

boné

шапка

cabide

вешалка

chapéu

шляпа

gravata

галстук

zíper

застежка молния

capacete

шлем

suspensórios

подтяжки

uniforme escolar

школьная форма

uniforme

форма

babador

детский нагрудник

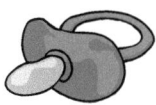

chupeta

соска

fralda

подгузник

escritório
офис

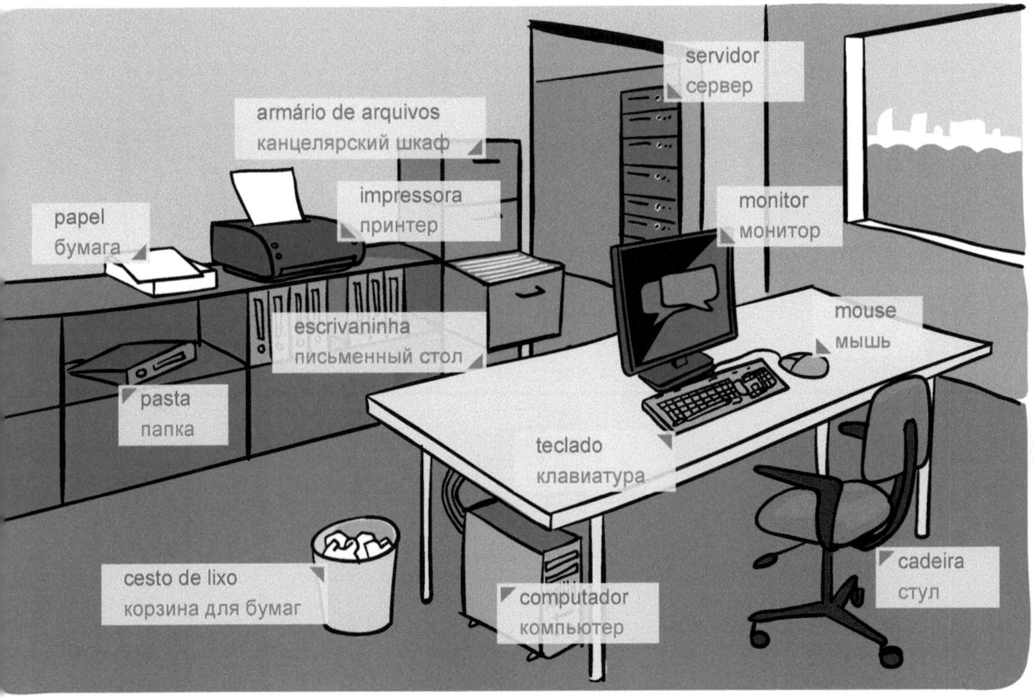

servidor
сервер

armário de arquivos
канцелярский шкаф

impressora
принтер

monitor
монитор

papel
бумага

mouse
мышь

escrivaninha
письменный стол

pasta
папка

teclado
клавиатура

cadeira
стул

cesto de lixo
корзина для бумаг

computador
компьютер

xícara de café

кофейная кружка

calculadora

калькулятор

internet

интернет

laptop

ноутбук

carta

письмо

mensagem

сообщение

celular

мобильный телефон

rede

сеть

copiadora

ксерокс

software

программа

telefone

телефон

tomada

розетка

fax

факс

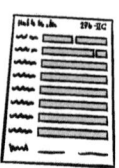

formulário

формуляр

documento

документ

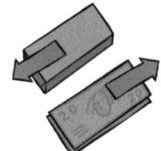

comprar

покупать

pagar

платить

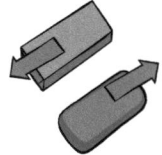

negociar

торговать

dinheiro

деньги

USD

Dólar

доллар

EUR

Euro

евро

JPY

Yen

иена

RUB

rublo

рубль

CHF

franco suíço

франк

CNY

renminbi yuan

жэньминьби юань

INR

rupia

рупия

caixa eletrônico

банкомат

casa de câmbio

пункт обмена валюты

ouro

золото

prata

серебро

petróleo

нефть

energia

энергия

preço

цена

contrato

договор

imposto

налог

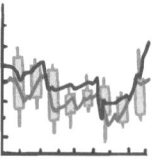

ação

акция

trabalhar

работать

empregado

служащий

empregador

работодатель

fábrica

фабрика

loja

магазин

profissões
профессии

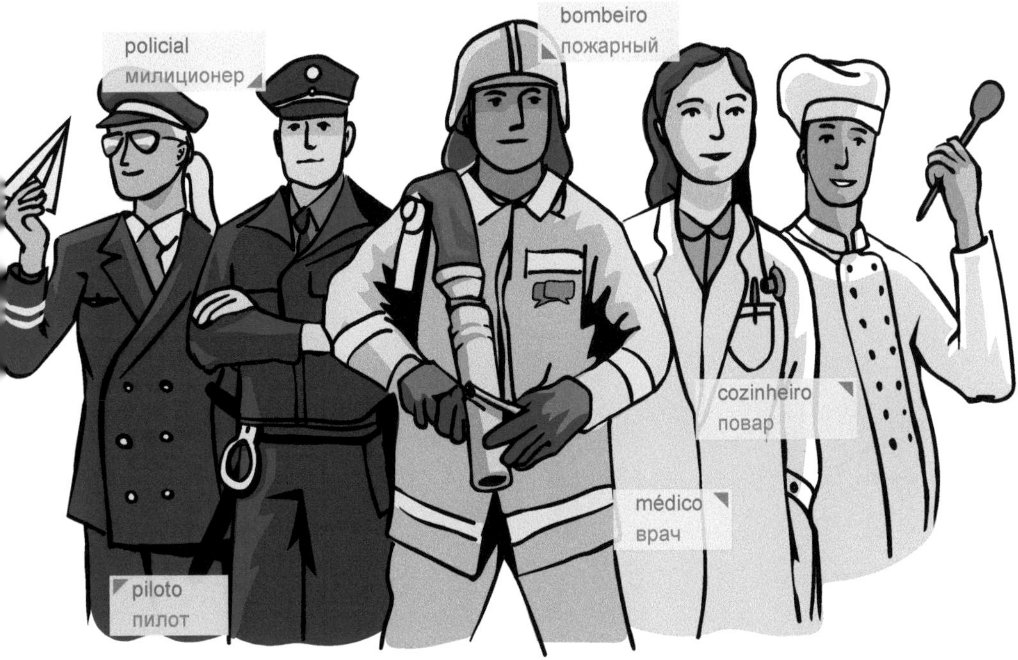
policial
милиционер
bombeiro
пожарный
cozinheiro
повар
médico
врач
piloto
пилот

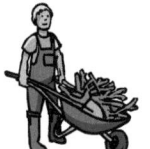

jardineiro
садовник

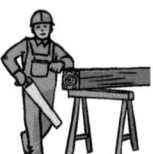

marceneiro
столяр

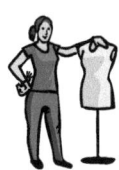

costureira
швея

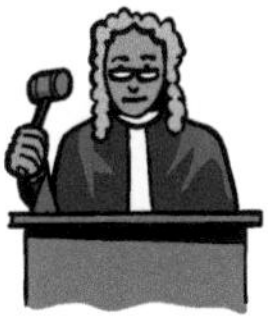

juiz
судья

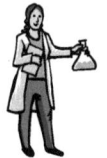

químico
химик

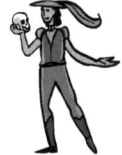

ator
актёр

motorista de ônibus

водитель автобуса

motorista de táxi

таксист

pescador

рыбак

faxineira

уборщица

telhador

кровельщик

garçom

официант

caçador

охотник

pintor

художник

padeiro

пекарь

eletricista

электрик

construtor

строитель

engenheiro

инженер

açougueiro

мясник

encanador

сантехник

carteiro

почтальон

soldado

солдат

arquiteto

архитектор

caixa

кассир

florista

флорист

cabelereiro

парикмахер

condutor

кондуктор

mecânico

механик

capitão

капитан

dentista

зубной врач

cientista

ученый

rabino

раввин

imam

имам

monge

монах

pastor

священник

ferramentas
инструменты

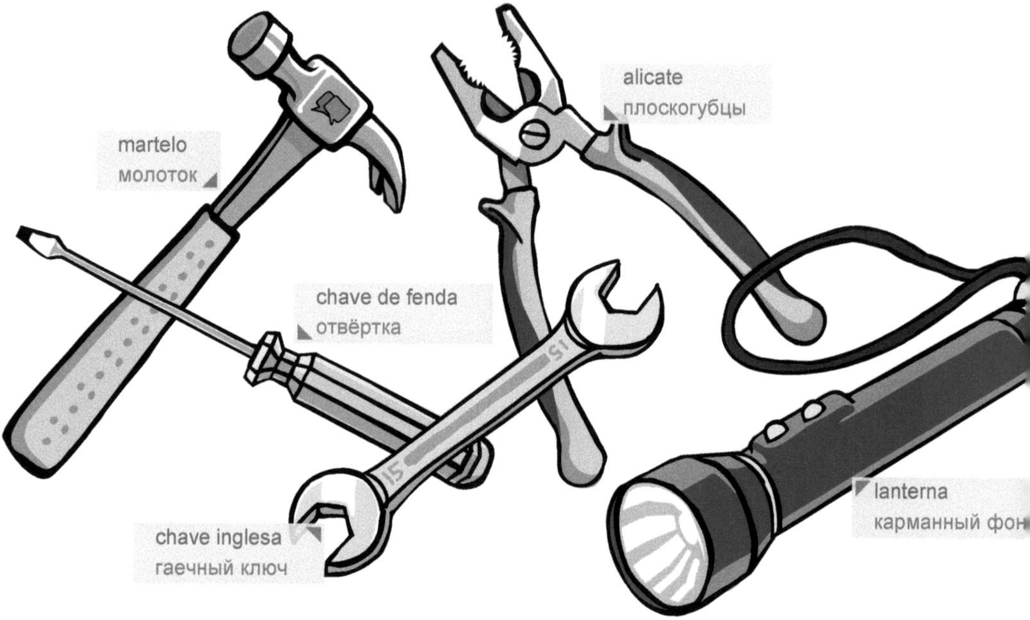
alicate
плоскогубцы
martelo
молоток
chave de fenda
отвёртка
lanterna
карманный фон
chave inglesa
гаечный ключ

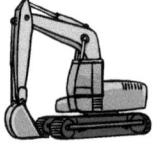

escavadora

экскаватор

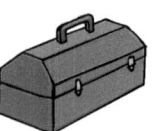

caixa de ferramentas

ящик для инструментов

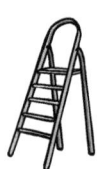

escada de mão

стремянка

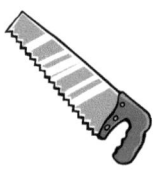

serra

пила

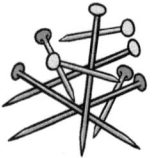

pregos

гвозди

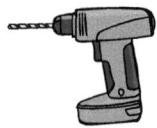

furadeira

дрель

consertar

ремонтировать

pá

лопата

Droga!

Блин!

pá de lixo

совок

pote de tinta

ведро с краской

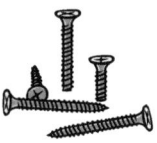

parafusos

винты

instrumentos musicais

музыкальные инструменты

bateria
ударный инструмент

alto-falante
громкоговоритель

guitarra
гитара

contrabaixo
контрабас

trompete
труба

piano

пианино

violino

скрипка

baixo

бас-гитара

timbales

литавры

tambor

барабан

teclado

синтезатор

saxofone

саксофон

flauta

флейта

microfone

микрофон

instrumentos musicais - музыкальные инструменты

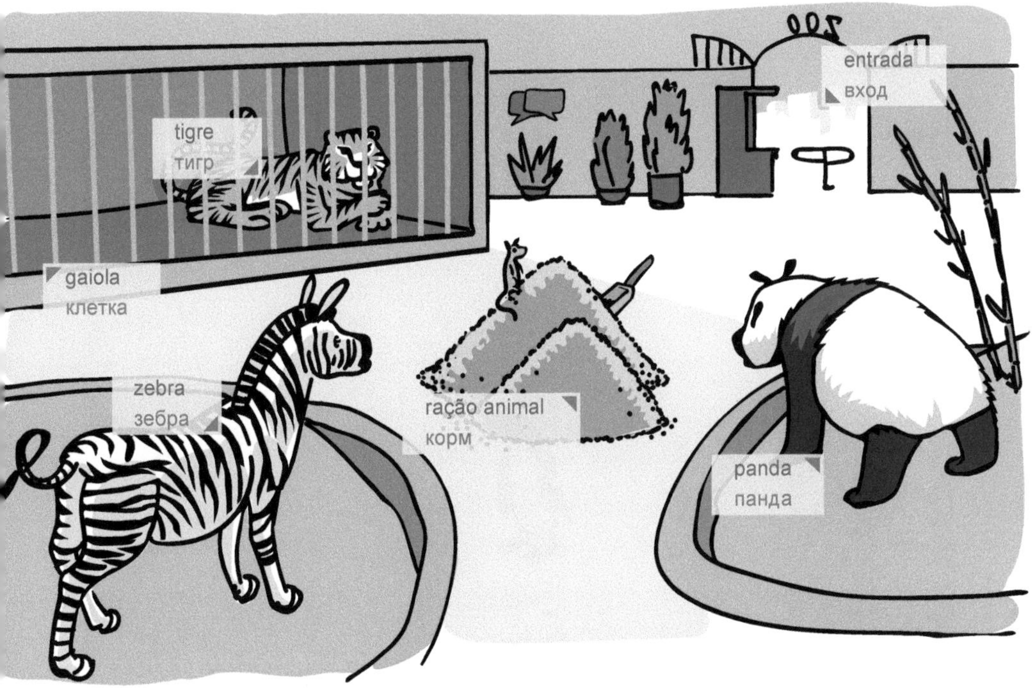

tigre
тигр

entrada
вход

gaiola
клетка

zebra
зебра

ração animal
корм

panda
панда

animais

животные

elefante

слон

canguru

кенгуру

rinoceronte

носорог

gorila

горилла

urso

медведь

camelo

верблюд

avestruz

страус

leão

лев

macaco

обезьяна

flamingo

фламинго

papagaio

попугай

urso polar

белый медведь

pinguim

пингвин

tubarão

акула

pavão

павлин

cobra

змея

crocodilo

крокодил

guarda do zoológico

служитель зоопарка

foca

тюлень

jaguar

ягуар

pônei

пони

leopardo

леопард

hipopótamo

бегемот

girafa

жираф

águia

орёл

javali

кабан

peixe

рыба

tartaruga

черепаха

morsa

морж

raposa

лиса

gazela

газель

futebol americano
американский футбол

ciclismo
езда на велосипеде

tênis
теннис

basquete
баскетбол

natação
плавание

boxe
бокс

hóquei no gelo
хоккей

futebol
футбол

badminton
бадминтон

atletismo
лёгкая атлетика

handebol
гандбол

esqui
лыжный спорт

polo
поло

atividades
действия

rir
смеяться
pular
прыгать
abraçar
обнимать
andar
идти
cantar
петь
sonhar
мечтать
rezar
молиться
beijar
целовать

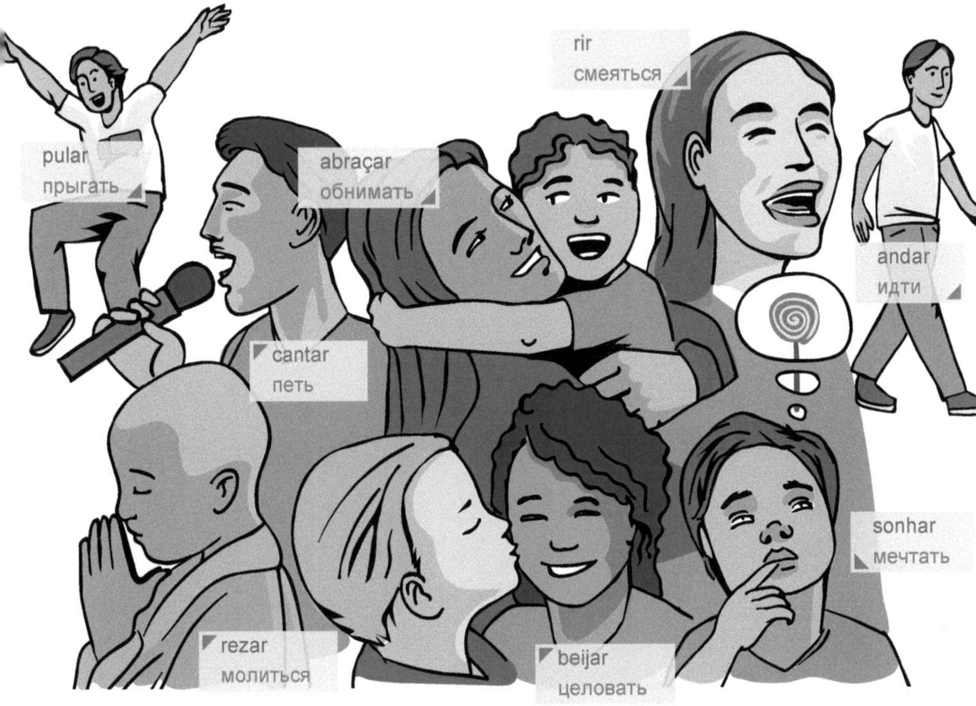

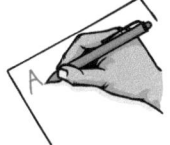

escrever
писать

desenhar
рисовать

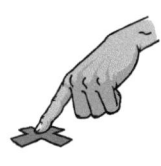

mostrar
показывать

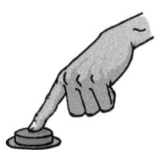

empurrar
нажимать

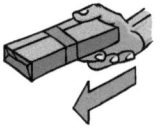

dar
давать

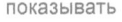

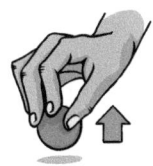

tomar
брать

ter

иметь

fazer

делать

ser

быть

ficar de pé

стоять

correr

бежать

puxar

тянуть

jogar

бросать

cair

падать

deitar

лежать

esperar

ждать

carregar

носить

sentar

сидеть

vestir

надевать

dormir

спать

despertar

просыпаться

olhar para

рассматривать

chorar

плакать

acariciar

гладить

pentear

причесывать

falar

говорить

entender

понимать

perguntar

спрашивать

ouvir

слушать

beber

пить

comer

кушать

arrumar

наводить порядок

amar

любить

cozinhar

готовить

dirigir

ехать

voar

летать

velejar

ходить под парусом

calcular

считать

ler

читать

aprender

учиться

trabalhar

работать

casar

вступать в брак

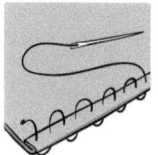

costurar

шить

escovar os dentes

чистить зубы

matar

убивать

fumar

курить

enviar

отправлять

atividades - действия

família
семья

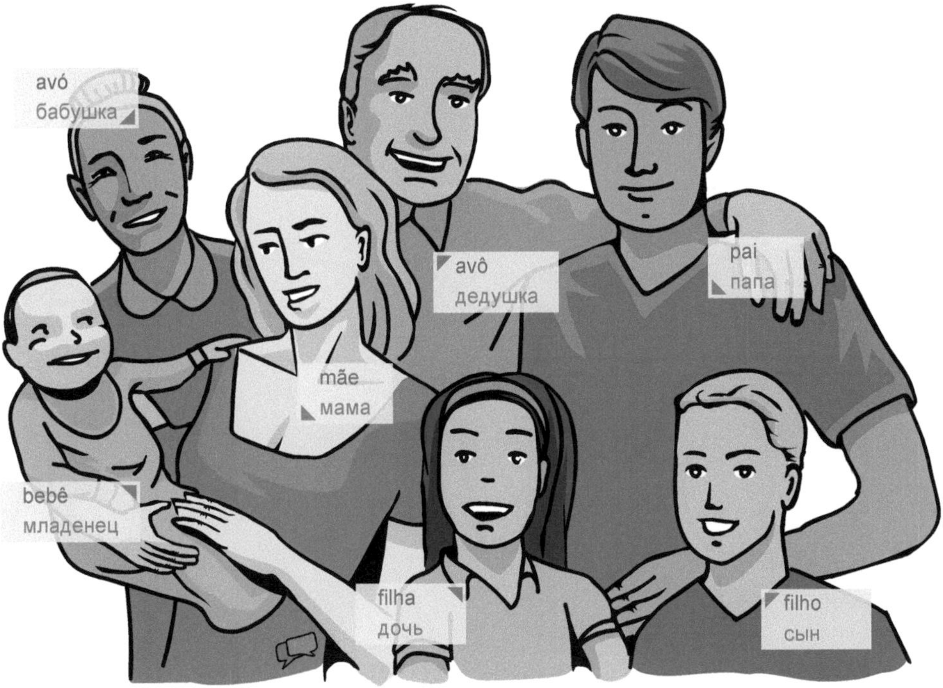

avó
бабушка
avô
дедушка
pai
папа
mãe
мама
bebê
младенец
filha
дочь
filho
сын

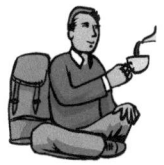

convidado

гость

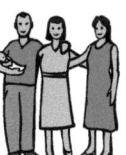

tia

тетя

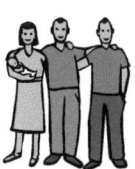

tio

дядя

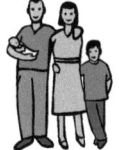

irmão

брат

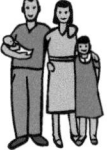

irmã

сестра

corpo

тело

testa
лоб
olho
глаз
ombro
плечо
dedo
палец
rosto
лицо
queixo
подбородок
mão
кисть
peito
грудь
perna
нога
braço
рука

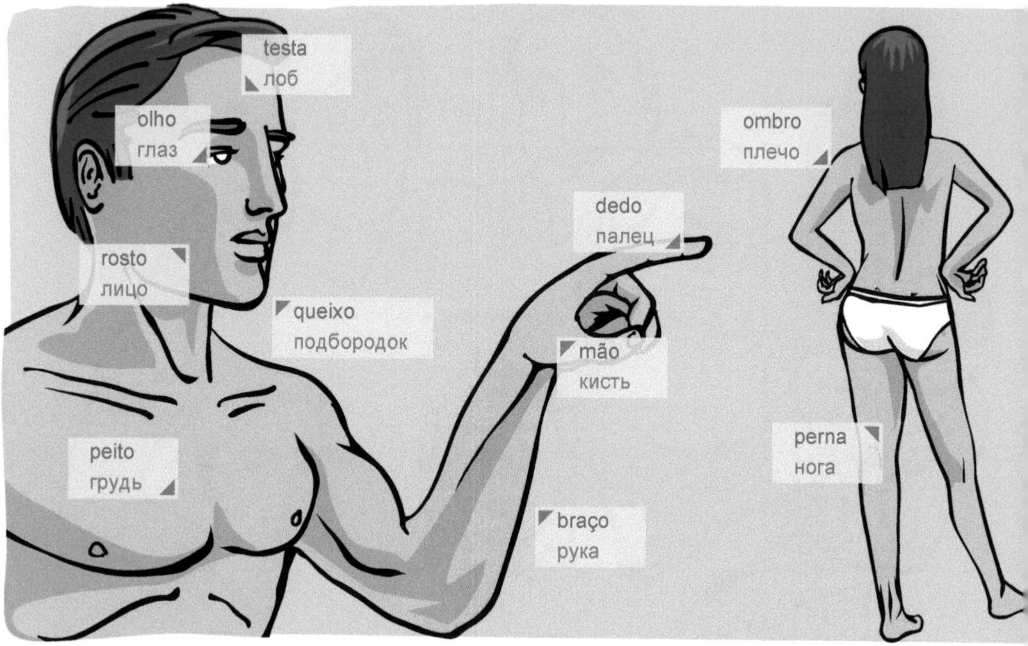

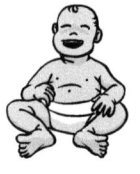

bebê

младенец

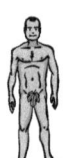

homem

мужчина

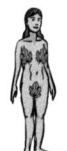

mulher

женщина

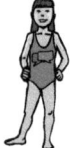

menina

девочка

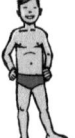

menino

мальчик

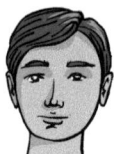

cabeça

голова

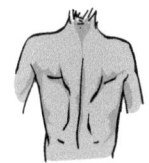

costas

спина

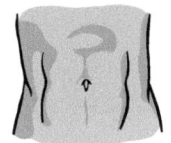

barriga

живот

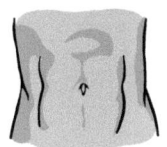

umbigo

пупок

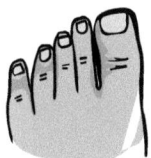

dedo do pé

палец ноги

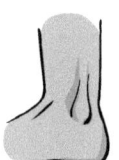

calcanhar

пятка

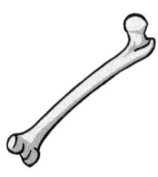

osso

кость

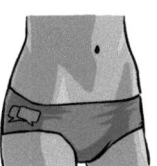

anca

бедро

joelho

колено

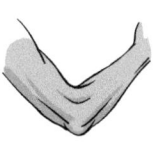

cotovelo

локоть

nariz

нос

nádegas

ягодицы

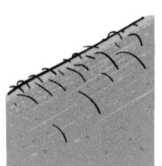

pele

кожа

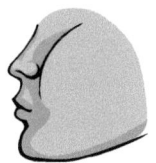

bochecha

щека

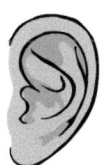

orelha

ухо

lábio

губа

boca

рот

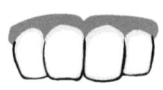

dente

зуб

língua

язык

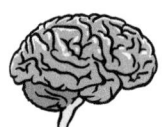

cérebro

мозг

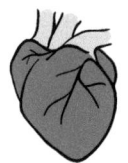

coração

сердце

músculo

мышца

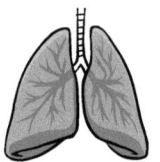

pulmão

лёгкое

fígado

печень

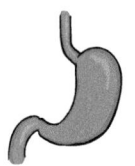

estômago

желудок

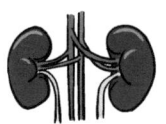

rins

почки

relações sexuais

половой акт

preservativo

презерватив

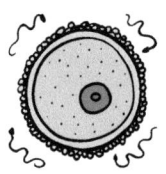

óvulo

яйцеклетка

esperma

сперма

gravidez

беременность

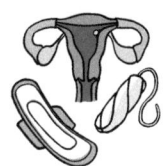

menstruação

менструация

vagina

вагина

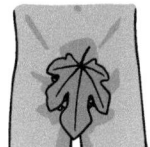

pênis

пенис

sobrancelha

бровь

cabelo

волосы

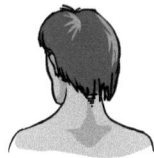

pescoço

шея

hospital
больница

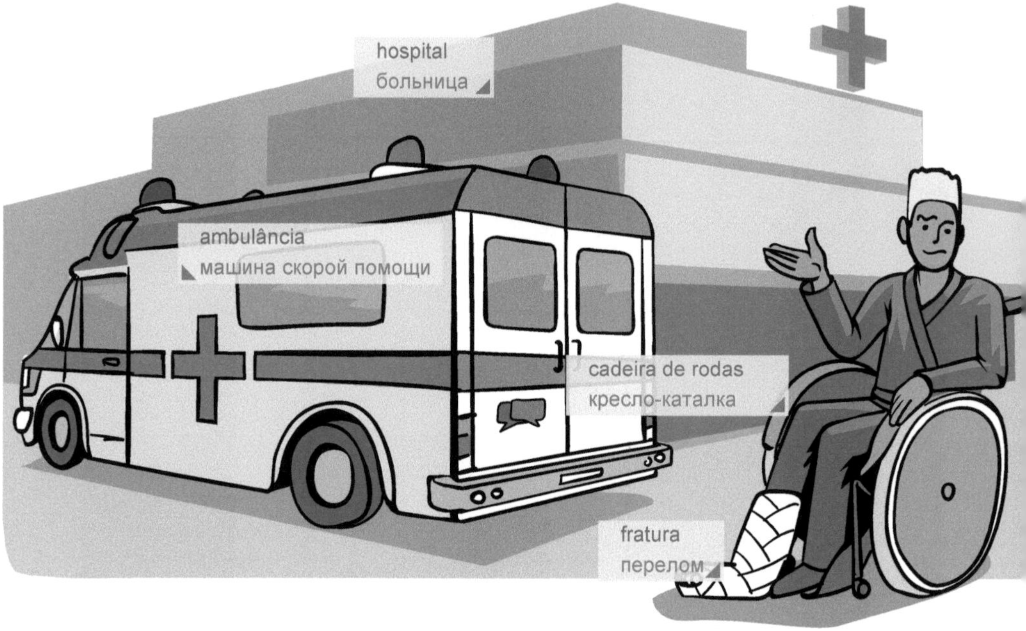

hospital
больница
ambulância
машина скорой помощи
cadeira de rodas
кресло-каталка
fratura
перелом

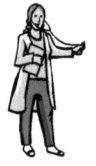

médico

врач

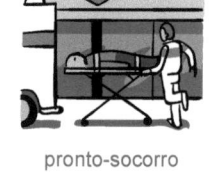

pronto-socorro

пункт первой помощи

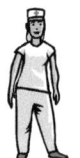

enfermeira

медсестра

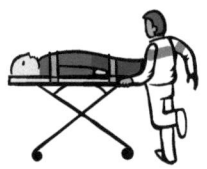

emergência

неотложный случай

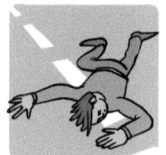

inconsciente

без сознания

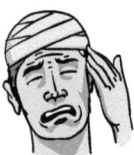

dor

боль

ferimento

повреждение

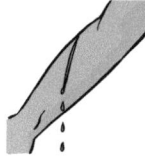

hemorragia

кровотечение

ataque cardíaco

инфаркт

acidente vacular cerebral

инсульт

alergia

аллергия

tosse

кашель

febre

повышенная температура

gripe

грипп

diarreia

понос

dor de cabeça

головная боль

câncer

рак

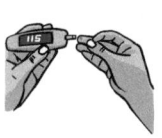

diabetes

диабет

cirurgião

хирург

bisturi

скальпель

operação

операция

CT
КТ

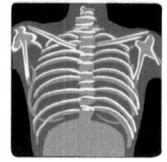

raio x
рентген

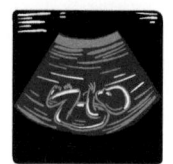

ultrassom
ультразвук

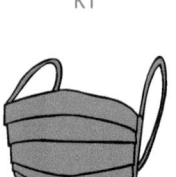

máscara
маска

doença
болезнь

sala de espera
приёмная

muleta
костыль

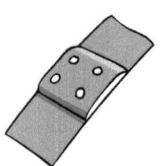

bandeide
пластырь

ligadura
бинт

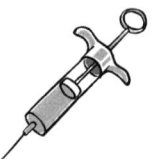

injeção
укол

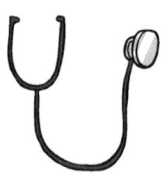

estetoscópio
стетоскоп

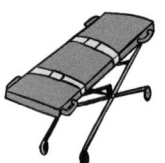

maca
носилки

termômetro
термометр

nascimento
рождение

excesso de peso
избыточный вес

aparelho auditivo

слуховой аппарат

desinfetante

дезинфекционное средство

infecção

инфекция

vírus

вирус

HIV / AIDS

ВИЧ / СПИД

medicamento

лекарство

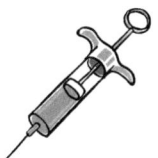

vacinação

прививка

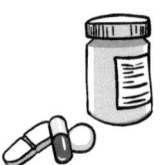

comprimidos

таблетки

pílula

противозачаточная таблетка

chamada de emergência

экстренный вызов

dispositivo de medição de pressão arterial

прибор для измерения кровяного давления

doente / saudável

больной / здоровый

Socorro!

Помогите!

alarme

сигнал тревоги

assalto

нападение

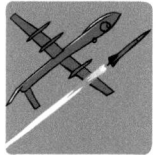

ataque

атака

perigo

опасность

saída de emergência

запасной выход

Fogo!

Пожар!

extintor de incêndios

огнетушитель

acidente

несчастный случай

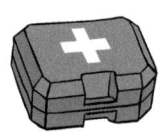

maleta de primeiros
socorros

аптечка

SOS

SOS

polícia

милиция

Europa

Европа

América do Norte

Северная Америка

América do Sul

Южная Америка

África

Африка

Ásia

Азия

Austrália

Австралия

Atlântico

Атлантический океан

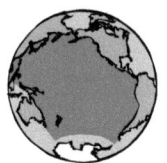

Pacífico

Тихий океан

Oceano Índico

Индийский океан

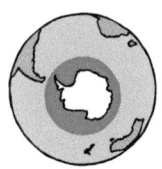

Oceano Antártico

Антарктический океан

Oceano Ártico

Северный Ледовитый
океан

Polo Norte

Северный полюс

Polo Sul

Южный полюс

Antártica

Антарктика

Terra

земля

terra

суша

mar

море

ilha

остров

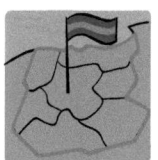

nação

нация

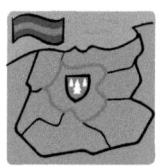

estado

государство

mostrador do relógio

циферблат

ponteiro das horas

часовая стрелка

ponteiro dos minutos

минутная стрелка

ponteiro dos segundos

секундная стрелка

Que horas são?

Который час?

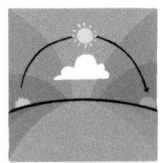

dia

день

tempo

время

agora

сейчас

relógio digital

электронные часы

minuto

минута

hora

час

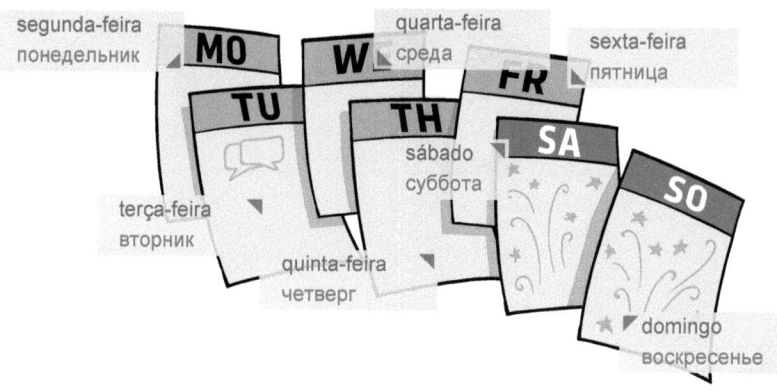

segunda-feira
понедельник

quarta-feira
среда

sexta-feira
пятница

terça-feira
вторник

quinta-feira
четверг

sábado
суббота

domingo
воскресенье

ontem

вчера

hoje

сегодня

amanhã

завтра

manhã

утро

meio-dia

полдень

entardecer

вечер

dias úteis

рабочие дни

fim de semana

выходные

ano

год

chuva
дождь
arco-íris
радуга
vento
ветер
neve
снег
primavera
весна
verão
лето
outono
осень
inverno
зима

4.APRIL 11°
5.APRIL 4°
6.APRIL 13°
7.APRIL 8°
8.APRIL 10°

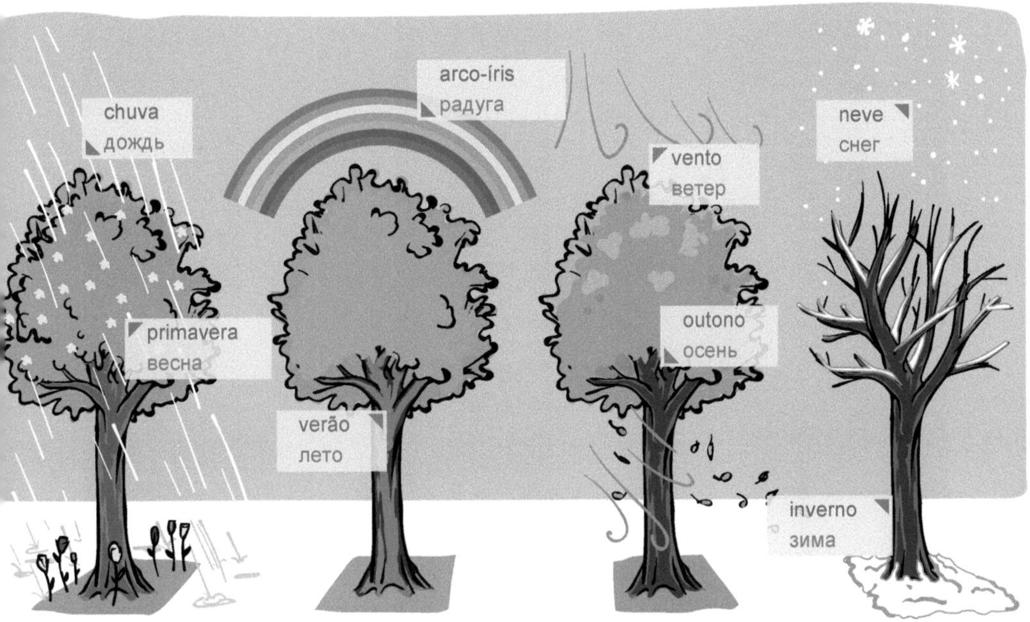

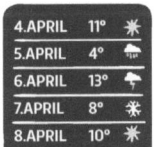

previsão do tempo

прогноз погоды

F C
120 90 60 30 0 -30
40 30 20 10 0 -10 -20

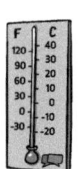

termômetro

термометр

raio de sol

солнечный свет

nuvem

туча

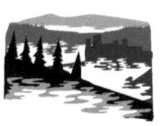

neblina / nevoeiro

туман

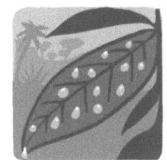

umidade do ar

влажность воздуха

relâmpago

молния

trovão

гром

tempestade

буря

granizo

град

monção

муссон

inundação

наводнение

gelo

лёд

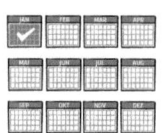

janeiro

январь

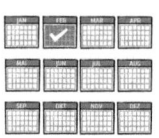

fevereiro

февраль

março

март

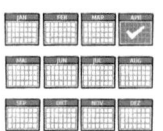

abril

апрель

maio

май

junho

июнь

julho

июль

agosto

август

setembro
....
сентябрь

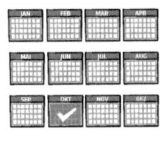

outubro
....
октябрь

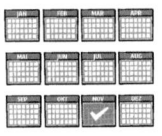

novembro
....
ноябрь

dezembro
....
декабрь

formas
формы

círculo
....
круг

quadrado
....
квадрат

retângulo
....
прямоугольник

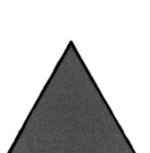

triângulo
....
треугольник

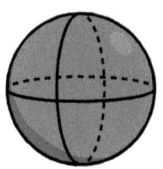

esfera
....
шар

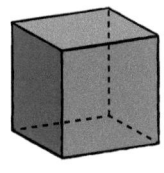

cubo
....
куб

branco

белый

amarelo

желтый

laranja

оранжевый

rosa

розовый

vermelho

красный

lilás

лиловый

azul

синий

verde

зелёный

marrom

коричневый

cinza

серый

preto

черный

muito / pouco

много / мало

furioso / tranquilo

яростный / мирный

lindo / feio

красивый / уродливый

começo / fim

начало / конец

grande / pequeno

большой / маленький

claro / escuro

светлый / темный

irmão / irmã

брат / сестра

limpo / sujo

чистый / грязный

completo / incompleto

полный / неполный

dia / noite

день / ночь

morto / vivo

мёртвый / живой

largo / estreito

широкий / узкий

comestível / não comestível

съедобный / несъедобный

mau / gentil

злой / дружелюбный

entusiasmado / entediado

взволнованный /
скучающий

gordo / magro

толстый / худой

primeiro / último

сначала / в конце

amigo / inimigo

друг / враг

cheio / vazio

полный / пустой

duro / macio

твёрдый / мягкий

pesado / leve

тяжёлый / легкий

fome / sede

голод / жажда

doente / saudável

больной / здоровый

ilegal / legal

незаконный / законный

inteligente / idiota

умный / глупый

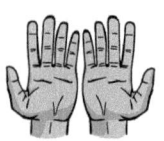

esquerda / direita

слева / справа

perto / longe

близко / далеко

novo / usado

новый / подержанный

nada / alguma coisa

ничто / нечто

velho / jovem

старый / молодой

ligado / desligado

включено / выключено

aberto / fechado

открыто / закрыто

baixo / alto

тихо / громко

rico / pobre

богатый / бедный

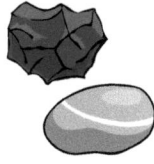

certo / errado

правильный /
неправильный

áspero / liso

шероховатый / гладкий

triste / feliz

печальный / счастливый

curto / longo

короткий / длинный

lento / rápido

медленный / быстрый

molhado / seco

мокрый / сухой

ameno / fresco

тёплый / прохладный

guerra / paz

война / мир

números

0

zero

ноль

1

um

один

2

dois

два

3

três

три

4

quatro

четыре

5

cinco

пять

6

seis

шесть

7

sete

семь

8

oito

восемь

9

nove

девять

10

dez

десять

11

onze

одиннадцать

12
doze

двенадцать

13
treze

тринадцать

14
quatorze

четырнадцать

15
quinze

пятнадцать

16
dezesseis

шестнадцать

17
dezessete

семнадцать

18
dezoito

восемнадцать

19
dezenove

девятнадцать

20
vinte

двадцать

100
cem

сто

1.000
mil

тысяча

1.000.000
milhão

миллион

inglês

английский

inglês americano

американский английский

chinês mandarim

мандаринский китайский

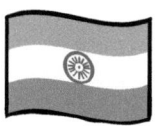

hindi

хинди

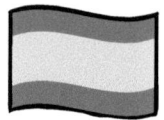

espanhol

испанский

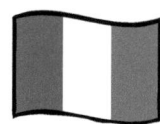

francês

французский

árabe

арабский

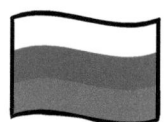

russo

русский

português

португальский

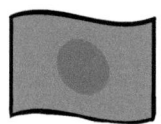

bengalês

бенгальский

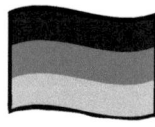

alemão

немецкий

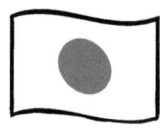

japonês

японский

eu

я

você

ты

ele / ela

он / она / оно

nós

мы

vocês

вы

eles / elas

они

quem?

кто?

O quê?

что?

como?

как?

onde?

где?

Quando?

когда?

nome

имя

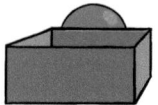

atrás

за

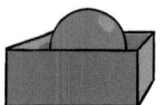

em

в

na frente de

перед

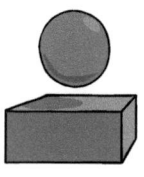

sobre

над

em cima

на

debaixo

под

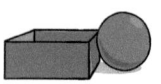

do lado

рядом

entre

между

lugar

место